VENTE

DU

JEUDI 30 JUIN 1910

HOTEL DROUOT, Salle N° 1

à 2 heures

TABLEAUX

MODERNES

Aquarelles — Pastels — Dessins

GRAVURES

BRONZES

de Barye, Cain, Mène

COMMISSAIRE-PRISEUR

Me F. LAIR-DUBREUIL

EXPERT

M. GEORGES PETIT

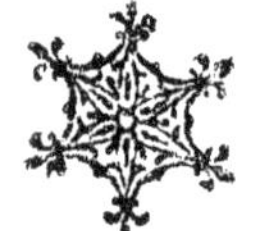

CATALOGUE

DES

TABLEAUX

MODERNES

PAR

BESNARD (A.), BONHEUR (ROSA), BOUDIN (E.)
CHINTREUIL, COURBET (G.), DAUBIGNY (C.), DIAZ (N.)
ISABEY (E.), JONGKIND, LAMI (E.)
LEBOURG, LELOIR, LÉPINE (S.), STEVENS (A.)
THAULOW (F.), VEYRASSAT, VERBOECKHOVEN
VIBERT (J.-G.), ETC.

AQUARELLES — PASTELS — DESSINS

PAR

BÉRAUD (J.), BONNAT, CHÉRET
DECAMPS, DUEZ, FORTUNY, HARPIGNIES
JACQUE (CH.), WHISTLER, ETC.

***BRONZES** de Barye, Cain, Mène*

DONT LA VENTE AUX ENCHÈRES PUBLIQUES AURA LIEU

HOTEL DROUOT, SALLE N° 1

Le Vendredi 30 Juin 1911, à 2 heures

COMMISSAIRE-PRISEUR	EXPERT
Me F. LAIR-DUBREUIL	**M. GEORGES PETIT**
6, rue Favart, 6	8, rue de Sèze, 8

EXPOSITION PUBLIQUE

Le Jeudi 29 Juin 1911, de 1 heure 1/2 à 6 heures.

CONDITIONS DE LA VENTE

Elle sera faite au comptant.

Les adjudicataires paieront *dix pour cent* en sus des enchères.

Paris. — Imp. Georges Petit, 12, rue Godot-de-Mauroi — 21584-11

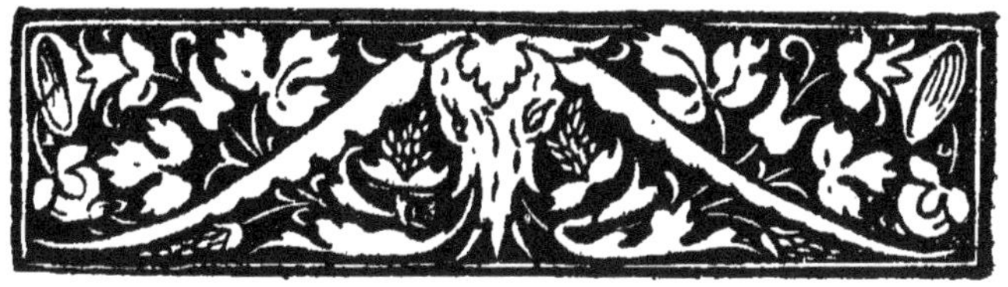

Désignation

TABLEAUX

BAKALAWICZ

1 — *Le Collier de perles.*

Signé à droite, en bas.

Panneau. Haut., 16 cent.; larg., 13 cent.

BEAURY-SAUREL

2 — *Étude.*

Signé à droite, en bas.

Toile. Haut., 40 cent.; larg., 33 cent.

BESNARD (Albert)

3 — *Rêverie.*

Signé à gauche, en bas.

Toile. Haut., 61 cent.; larg., 49 cent.

BILLET (Pierre)

4 — *Ramasseurs de bois mort dans la forêt, en hiver.*

Signé à gauche, en bas.

Toile. Haut., 96 cent.; larg., 1 m. 25.

BONHEUR (Rosa)

5 — *Étude d'arbres.*

Signé à droite, en bas, du timbre de la vente. Au dos, le cachet.

Toile. Haut., 26 cent.; larg., 38 cent.

BONHEUR (Rosa)

6 — *Paysage.*

A gauche, le timbre de la vente. Au dos, le cachet.

Toile. Haut., 27 cent.; larg., 37 cent.

BOUDIN

7 — *Rentrée des barques, à Trouville.*

Signé à gauche, en bas.

Panneau. Haut., 27 cent.; larg., 22 cent.

BOUDIN

8 — *Femmes de Berck attendant les barques.*

Signé à gauche, en bas.

Panneau. Haut., 22 cent.; larg., 31 cent.

BOUDIN

9 — *Bac, à Plougastel.*

Signé à droite, en bas.

Panneau. Haut., 16 cent.; larg., 25 cent.

BOUDIN

10 — *Sortie de la messe, à Plougastel.*

Signé à droite, en bas.

Panneau. Haut., 27 cent.; larg., 21 cent.

BOUDIN

11 — *Étude de paysage.*

Signé à gauche du timbre de la vente.

Toile. Haut., 50 cent.; larg., 60 cent.

BURGERS (H.-J.)

12 — *La Bonne surprise.*

Signé à droite, en bas.

Toile. Haut., 80 cent.; larg., 48 cent.

CABAT (L.)

13 — *Le Ruisseau.*

Signé à droite, en bas.

Panneau. Haut., 16 cent.; larg., 24 cent.

CERAMANO

14 — *Troupeau à la lisière de la forêt.*

Signé à droite, en bas.

Toile. Haut., 1 m. 30; larg., 1 m. 10.

CHINTREUIL

15 — *Bords d'étang.*

Signé à droite, en bas.

Toile. Haut., 46 cent.; larg., 38 cent.

CHINTREUIL

16 — *Chevreuils à la mare.*

Signé à gauche, en bas.

Toile. Haut., 33 cent.; larg., 64 cent.

CORTAZZO

17 — *Intérieur de palais romain.*

Signé à droite, en bas.

Panneau. Haut., 65 cent.; larg., 90 cent.

CORTAZZO

18 — *Traversée pittoresque de la rue un jour d'orage.*

Signé à gauche, en bas.

Panneau. Haut , 65 cent.; larg., 90 cent.

COURBET (Gustave)

19 — *Entrée de forêt.*

Signé à gauche, en bas.

Toile. Haut., 96 cent.; larg., 1 m. 29.

COURBET (Copie d'après)

20 — *Les Casseurs de pierres.*

Toile. Haut., 50 cent.; larg., 61 cent.

CURNOCK (James)

21 — *Campement de bohémiens.*

Signé au milieu, en bas, et daté : *1850.*

Toile. Haut., 1 m. 02; larg., 1 m. 36.

DAUBIGNY (C.)

22 — *Pleine mer.*

Signé à gauche, en bas, et daté : *1874.*

Toile. Haut., 83 cent.; larg., 1 m. 46.

DAUBIGNY (C.)

23 — *Sous bois.*

Signé à gauche, en bas.

Panneau. Haut., 34 cent.; larg., 55 cent.

DAVID (Jules)

DEUX PENDANTS

24 — *Bords de rivière. — L'Etang.*

Signés.

Panneaux. Haut., 16 cent.; larg., 23 cent.

DELANOY (H.-Pierre)

25 — *Nature morte.*

Poissons et objets en cuivre.

Signé à droite, en bas.

Toile. Haut., 43 cent.; larg., 64 cent.

DELPY (C.)

26 — *Les bords de la Marne.*

Signé à droite, en bas.

Panneau. Haut., 53 cent.; larg., 65 cent.

DELPY (H.-C.)

27 — *Le Petit pâtre.*

Signé à gauche, en bas.

Panneau. Haut., 25 cent.; larg., 45 cent.

DIAZ

28 — *L'Abandonnée.*

Elle est debout dans la clairière, le torse nu, les mains sur les yeux. Le bas du corps est revêtu d'une tunique violette.

Signé à gauche, en bas.

Panneau. Haut., 32 cent.; larg., 20 cent.

DUPRAY (Henri)

29 — *Monarchie de Juillet. Gendarmerie départementale (1830 à 1847).*

Signé à gauche, en bas.

Panneau. Haut., 33 cent.; larg., 24 cent.

DUPRAY (Henri)

30 — *Troisième République. Ecole spéciale militaire : infanterie et cavalerie (1872 à 1889).*

Signé à gauche, en bas.

Panneau. Haut., 35 cent.; larg , 27 cent.

FRÈRE (Théodore)

31 — *Rue Cophte, au Caire.*

Signé à droite, en bas : *Th. Frère, Caire.*

Toile. Haut., 93 cent.; larg., 73 cent.

FRÈRE (Théodore)

32 — *Bazar Roumeyleh, au Caire.*

Signé à gauche, en bas : *Th. Frère, au Caire (Égypte).*

Toile. Haut., 91 cent.; larg., 73 cent.

GALLIAN

33 — *Jeune femme.*

Signé à droite, en bas.

Toile. Haut., 65 cent.; larg., 44 cent.

GUIGNET (A.)

34 — *Le Condottiere.*

Signé à gauche, en bas.

Panneau. Haut., 42 cent.; larg., 23 cent.

HERMANN (Léo)

35 — *La Lecture du* Figaro.

Signé à droite, en bas.

Panneau. Haut., 15 cent. 1/2; larg., 11 cent. 1/2.

INCONNU

36 — *Paysage.*

Toile. Haut., 41 cent.; larg., 54 cent.

INCONNU

37 — *L'Ile de Philæ (Egypte).*

Toile. Haut., 45 cent.; larg., 75 cent.

ISABEY (Eugène)

38 — *Tête de jeune femme.*

Signé vers la droite, en bas, du timbre de la vente.

Toile. Haut., 47 cent.; larg., 38 cent.

JONGKIND

39 — *Lavoir sur la Seine.*

Signé à gauche, en bas, et daté : *1854.*

Toile. Haut., 35 cent.; larg., 55 cent.

KUEHL (G.)

40 — *Fillette jouant de l'orgue.*

Signé à droite, en bas, et en travers.

Panneau. Haut., 95 cent.; larg., 73 cent.

LAMI (Eugène)

41 — *La Présentation.*

Esquisse.

Panneau de forme ovale.
Haut., 24 cent.; larg., 32 cent.

LAMI (Eugène)

42 — *Episode d'une bataille sous Louis XV.*

Esquisse.

Panneau. Haut., 36 cent.; larg., 46 cent.

LAZERGES (Paul)

43 — *En Algérie.*

Signé à droite, en bas, et daté : *1902.*

Toile Haut., 55 cent.; larg., 35 cent.

LEBOURG (Albert)

44 — *Bateau, à Rouen.*

Signé à gauche, en bas.

Toile. Haut., 39 cent.; larg., 64 cent.

LEBOURG (Albert)

45 — *La Seine, à Paris.*

Signé à gauche, en bas.

Toile. Haut., 30 cent.; larg., 58 cent.

LEBOURG (Albert)

46 — *Honfleur.*

Signé à gauche, en bas, et daté : *1893.*

Haut., 54 cent.; larg., 46 cent.

LEBOURG (Albert)

47 — *Delft.*

Signé à droite, et daté : *Delft, 1896.*

Toile. Haut., 46 cent.; larg., 65 cent.

LEBOURG (Albert)

48 — *Notre-Dame de Paris au printemps.*

Signé à gauche, en bas.

Toile. Haut., 50 cent.; larg., 65 cent.

LELOIR (Louis)

49 — *Femmes au repos sur un tapis.*

Signé à droite, en bas.

Panneau. Haut., 19 cent.; larg., 32 cent.

LÉPINE (S.)

50 — *Port sur la Seine.*

Signé à gauche, en bas.

Toile. Haut., 51 cent.; larg., 73 cent.

Au dos du châssis, on lit : « Je garantis que ce tableau a été peint par S. Lépine. »

Signé : « Vve S. LÉPINE. »

LOPISGISCH (G.)

51 — *Panneau décoratif.*

Signé à droite, en bas.

Toile. Haut., 1 m. 20 ; larg., 40 cent.

LOPISGISCH (G.)

52 — *Panneau décoratif.*

Signé à gauche, en bas.

Toile. Haut., 1 m. 20 ; larg., 40 cent.

MALDARELLI

53 — *Jeune Romaine à sa toilette.*

Signé à gauche, en bas, et daté : *Napoli, 1876.*

Toile. Haut., 88 cent.; larg., 66 cent.

MALDARELLI

54 — *Jeunes filles Romaines dans un intérieur.*

Signé à droite, en bas, et daté : *Napoli, 1876.*

Toile. Haut., 88 cent.; larg., 66 cent.

PELOUSE

55 — *Le Vieux chemin.*

Signé à gauche, en bas.

Toile. Haut., 72 cent. ; larg., 49 cent.

PERAIRE (Paul)

56 — *Bords de la Seine.*

Signé à droite, en bas.

Toile. Haut., 38 cent.; larg., 60 cent.

PETITJEAN (E.)

57 — *Le Moulin sur la rivière.*

Signé à droite, en bas.

Toile. Haut., 1 m. 07; larg., 1 m. 50.

POTTER

58 — *Soleil couchant.*

Signé à gauche, en bas.

Panneau. Haut., 16 cent.; larg., 47 cent.

RAFFAELLI (J.-F.)

59 — *Le Grand-père.*

Signé à gauche, en bas.

Panneau. Haut., 58 cent. 1/2; larg., 48 cent.

SCHEFFER (Ary)

60 — *Baptême au village.*

Signé à gauche, en bas.

Haut., 75 cent.; larg., 1 mètre.

SIMONETTI (Attilio)

61 — *Désir d'enfant.*

Signé à droite, en bas, et daté : *Roma, 1879.*

Toile. Haut., 64 cent.; larg., 45 cent.

SIMONETTI (Attilio)

62 — *La Présentation du nouveau-né.*

Signé à droite, en bas, et daté : *Roma, 1878.*

Toile. Haut., 64 cent.; larg., 45 cent.

STEVENS (Alfred)

63 — *Le Paquebot.*

Signé à gauche, en bas.

Panneau. Haut., 40 cent.; larg., 32 cent.

SYLVA (Van Damme)

64 — *Vaches au pâturage.*

Signé à gauche, en bas.

Panneau. Haut., 19 cent.; larg., 34 cent.

THAULOW (Fritz)

65 — *Rivière en Bretagne ; effet d'automne.*

Signé à droite, en bas.

Toile. Haut., 81 cent.; larg., 1 mètre.

THORNLEY (William)

66 — *Venise, entrée du Grand Canal.*

Signé à droite, en bas.

Toile. Haut., 50 cent.; larg., 73 cent.

TROUILLEBERT

67 — *Chemin au bord de la Vienne.*

Signé à gauche.

Toile. Haut., 38 cent.; larg., 46 cent.

VEYRASSAT (J.)

68 — *Chevaux de ferme dans la campagne.*

Signé à droite, en bas.

Panneau. Haut., 23 cent.; larg., 34 cent.

VERBŒCKHOVEN (Eugène)

69 — *Moutons fuyant l'orage.*

Signé à droite, en bas, et daté : *1852*.

Panneau. Haut., 96 cent.; larg., 1 m. 30.

VERLAT

70 — *Le Renard et les poules.*

Signé à gauche, en bas, et daté : *1867*.

Panneau. Haut., 1 mètre; larg., 79 cent.

VERNIER (Émile)

71 — *Antibes.*

Signé à droite, en bas.

Toile. Haut., 60 cent.; larg., 82 cent.

VIBERT (J.-G.)

72 — *Les Deux moines.*

Signé à droite, en bas : *A mon ami L. Leloir, J.-G. Vibert,* et daté : *18*   .

Panneau. Haut., 34 cent. 1/2; larg., 46 cent.

VOLLMERING (J.)

73 — *Pâturage.*

Signé à gauche, des initiales : *J. V.*

Toile. Haut., 27 cent.; larg., 39 cent.

VOLLMERING (J.)

74 — *Paysage.*

Signé sur une pierre, en bas, vers le milieu, des initiales : *J. V.*

Toile. Haut., 27 cent.; larg. 39 cent.

VOLLMERING (J.)

75 — *Le Char de bœufs.*

Signé à droite, en bas.

Tolle. Haut., 45 cent.; larg., 56 cent.

Aquarelles, Pastels, Dessins

ET GRAVURES

ADAN (L.-Emile)

76 — *La Leçon de piano.*

Dessin à la plume.

Signé à gauche, en bas.

Haut., 24 cent.; larg., 34 cent.

AKTZ

77 — *Les Enfants du pêcheur.*

Dessin au crayon.

Signé à droite, en bas.

Haut., 45 cent.; larg., 65 cent.

AUBERT (Jean)

78 — *L'Amour frileux.*

Dessin au crayon.

Signé à gauche, en bas.

Haut., 21 cent.; larg., 27 cent.

BENNER (Jean)

79 — *Dans la montagne.*

Dessin au crayon.
Signé à droite, en bas.

Haut., 46 cent.; larg., 34 cent.

BÉRAUD (Jean)

80 — *L'Absinthe.*

Dessin à la plume.
Signé à gauche, en bas.

Haut., 34 cent.; larg., 15 cent.

BÉRAUD (Jean)

81 — *Une Réunion publique.*

Photo retouchée.
Signé à gauche, en bas, et daté : *1884*.

Haut., 28 cent.; larg., 38 cent.

BERTHIER

82 — *Le Vieux curé.*

Dessin au crayon noir.
Signé à gauche, en bas.

Haut., 34 cent.; larg., 26 cent.

BÉTHUNE

83 — *Paysage du Midi.*

Aquarelle.
Signé à gauche, en bas.

Haut., 51 cent.; larg., 36 cent.

BINET (Adolphe)

84 — *La Reprise du travail.*

Signé à droite, en bas, des initiales *A. B.*
On lit une dédicace : *A Monsieur Dumas, bon souvenir. Adolphe Binet.*

Haut., 70 cent.; larg., 39 cent.

BOGGS

85 — *Bateaux de pêche dans le port.*

Dessin à la plume.
Signé à gauche, en bas, et daté : *82.*

Haut., 18 cent.; larg., 30 cent.

BOMPARD (Maurice)

86 — *Le Modèle.*

Dessin à la plume.
Signé à droite, en bas, et daté : *1880.*

Haut., 21 cent.; larg., 27 cent.

BONNAT (Léon)

87 — *Portrait de Victor Hugo.*

Dessin au crayon.

Haut., 27 cent. 1/2; larg., 20 cent.

BUSSON (Georges)

88 — *Le Mail Coach.*

Aquarelle.

Signé à droite, en bas, et daté : *94.*

Haut., 32 cent.; larg., 47 cent.

CAROLUS-DURAN

89 — *Portrait de fillette.*

Dessin au crayon.

Signé à droite, en bas, et daté : *1880.*

Haut., 27 cent.; larg., 16 cent.

CHÉRET (Jules)

90 — *La Femme en vert.*

Pastel.

Signé à gauche, en bas.

Haut., 1 m. 12; larg., 67 cent.

COLLART (Marie)

91 — *Paysage d'hiver avec animaux.*

Dessin à la plume.

Signé à gauche, en bas.

Haut., 22 cent.; larg., 18 cent.

COLLART (Marie)

92 — *La Ferme.*

Dessin à la plume.
Signé à droite, en bas.

Haut., 19 cent.; larg., 15 cent.

CROISY

93 — *Le Nid,* d'après son groupe du Musée du Luxembourg.

Dessin au crayon noir.
Signé à droite, en bas, et daté : *1883.*

Haut., 45 cent.; larg., 39 cent.

DECAMPS (Alexandre-Joseph)

94 — *Troupes romaines dans un défilé.*

Pastel.
Signé à droite : *D. C.*, et daté : *45.*

Haut., 25 cent.; larg., 40 cent.

DAUPHIN (E.)

95 — *Le Port.*

Dessin à la plume.
Signé à gauche, en bas, et daté : *84.*

Haut., 12 cent.; larg., 30 cent.

DELAPLANCHE

96 — *Etude de nu.*

Dessin à la plume.
Signé à gauche, en bas.

Haut., 43 cent ; larg., 17 cent.

DELPY (H.-C.)

97 — *Village sur les bords de la Seine.*

Dessin au fusain.
Signé à droite, en bas.

Haut., 15 cent.; larg., 27 cent.

DUEZ (E.)

98 — *En canot.*

Dessin à la plume.
Signé à droite, en bas.

Haut., 55 cent.; larg., 70 cent.

DURAND (Simon)

99 — *Le Volailleux.*

Dessin au lavis.
Signé à droite, en bas, des initiales *S. D.*

Haut., 21 cent.; larg., 26 cent.

FORTUNY (Mariano)

100 — *Descente de croix.*

Aquarelle.

A gauche, en bas, le cachet de la vente de l'artiste.

Haut., 25 cent.; larg., 45 cent.

FRAIPONT (G.)

101 — *Art et Liberté,* d'après le tableau de Louis Gallait.

Dessin à la plume.

Haut., 35 cent.; larg., 26 cent.

FRÈRE (Ed.)

102 — *Le Cidre du pauvre.*

Dessin à la plume.

Signé à droite, en bas.

Haut., 21 cent.; larg., 26 cent.

GALLAIT (Louis)

103 — Fragment de son tableau : *Honneurs rendus aux comtes d'Egmont et de Horn après le supplice.*

Dessin à la plume.

Signé en bas, au milieu, et daté : *1851.*

Haut., 33 cent.; larg., 48 cent.

GARNIER (Jules)

104 — *Rabelais, curé de Meudon.*

Dessin à la plume.

Signé à gauche, en bas, et daté : *1880.*

Haut., 35 cent. ; larg., 45 cent.

GERVEX (Henry)

105 — *Bassins de la Villette : déchargeurs de charbon.*

Dessin au crayon, d'après son panneau décoratif pour la mairie du XIXe arrondissement.

Signé à gauche, en bas, des initiales : *H. G.*

Haut., 36 cent. 1/2 ; larg., 21 cent.

GORGUET

106 — *Projet de menu.*

Dessin à l'encre de Chine.

Signé en bas, vers le milieu.

Haut., 38 cent. ; larg., 27 cent.

HARPIGNIES (H.)

107 — *Menton.*

Aquarelle.

Signé à gauche, en bas.

Haut., 23 cent. ; larg. 30 cent.

HARPIGNIES (H.)

108 — *La Seine à Paris.*

Aquarelle.
Signé à gauche, en bas.

Haut., 23 cent.; larg., 33 cent.

HARPIGNIES (H.)

109 — *Paysage.*

Aquarelle.
Signé à gauche, en bas, et daté : *1865.*

Haut., 21 cent. ; larg., 15 cent.

HERKOMER (Hubert)

110 — *Dans le Tyrol.*

Dessin à la plume.

Haut., 52 cent.; larg., 93 cent.

HERMANN (Hans)

111 — *Le Débarquement du poisson.*

Dessin à la plume.
Signé à droite, en bas.

Haut., 39 cent.; larg., 59 cent.

INCONNU

112 — *Portrait d'un peintre.*

Gravure.

Haut., 26 cent.; larg., 20 cent.

JACQUE (Charles)

113 — *Une Idylle.*

Dessin au fusain rehaussé de gouache.

Signé à gauche, en bas.

Haut., 39 cent.; larg., 52 cent.

JEANNIOT

114 — *Bateaux à quai.*

Signé à droite, en bas.

Panneau. Haut., 24 cent.; larg., 32 cent.

JONGKIND

115 — *Le Chemin près d'Honfleur.*

Aquarelle.

Signé : *Jongkind,* et daté : *Honfleur, sept. 64.*

Haut., 24 cent.; larg., 32 cent.

JONGKIND

116 — *Bateaux au Tréport.*

Aquarelle.

Signé à droite, et daté : *51.*

Haut., 25 cent.; larg., 33 cent.

JONGKIND

117 — *La Chaumière.*

Aquarelle.

A gauche, le timbre de la vente.

Haut., 29 cent.; larg., 37 cent.

JONGKIND

118 — *Vieille maison.*

Aquarelle.

A droite, le timbre de la vente.

Haut., 24 cent.; larg., 34 cent.

JONGKIND

119 — *L'Eglise.*

Aquarelle.

Signé à gauche du timbre de la vente.

Haut., 39 cent.; larg., 24 cent.

JONGKIND

120 — *Sur le port, à Honfleur.*

Aquarelle.

Signé en bas, vers la droite, et daté : *Honfleur, 62.*

Haut., 26 cent.; larg., 43 cent.

KNAUS (Louis)

121 — *Promenade au jardin des Tuileries.*

Dessin au crayon.

Signé à droite, en bas.

Haut., 29 cent.; larg., 22 cent.

KNIGHT (Ridgway)

122 — *La Récolte.*

Dessin à la plume.
Signé à gauche, en bas.

Haut., 37 cent.; larg., 46 cent.

LELOIR (Louis)

123 — *Le Maréchal de Saxe.*

Dessin à la plume.
Signé à droite du cachet de la vente.

Haut., 17 cent.; larg., 11 cent.

LEROUX (Hector)

124 — *La Pêche à la ligne.*

Dessin à la plume.
Signé à droite, en bas.

Haut., 17 cent.; larg., 29 cent.

LEPÈRE (A.)

125 — *Dans la forêt.*

Gravure sur Japon.

Haut., 16 cent.; larg., 10 cent.

LUMINAIS (Évariste)

126 — *Chez les Gaulois.*

Dessin à la plume.

Signé à gauche, en bas, des initiales : *Ev. L.* et daté : *1879.*

Haut., 17 cent.; larg., 22 cent.

MARIE (Adrien)

127 — *La Distribution des vivres aux indigents, à Londres.*

Dessin au crayon.

Signé à gauche, en bas.

Haut., 33 cent.; larg., 47 cent.

MESDAG (H.-W.)

128 — *Marine, près Scheveningen.*

Dessin au crayon.

Signé à gauche, en bas, des initiales : *H. W. M.*

Haut., 29 cent.; larg., 36 cent.

MESDAG (H.-W.)

129 — *Bateaux de pêche dans la mer du Nord.*

Dessin au fusain.

Signé à droite, en bas.

Haut., 20 cent.; larg., 27 cent.

MESDAG (H.-W.)

130 — *Marine.*

Dessin au crayon.
Signé à gauche, en bas.

Haut., 36 cent.; larg., 27 cent.

MESDAG (H.-W.)

131 — *Marine.*

Dessin à la plume.
Signé à droite, en bas.

Haut., 23 cent.; larg., 16 cent.

MYRBACH (Félicien)

132 — *Le Jardin du Luxembourg.*

Aquarelle.
Signé à gauche, en bas.

Haut., 34 cent.; larg., 25 cent.

PELOUSE (L.-G.)

133 — *Effet de neige.*

Dessin à la plume.
Signé à droite, en bas.

Haut., 22 cent.; larg., 30 cent.

RIVIÈRE (H.)

134 — *Le Village au printemps.*

Pastel.

Signé à droite, en bas.

Haut., 29 cent.; larg., 52 cent.

RIVIÈRE (H.)

135 — *Marine.*

Gravure coloriée.

Haut., 22 cent.; larg., 34 cent.

RIVIÈRE (H.)

136 — *Paysage.*

Gravure coloriée.

Haut., 22 cent.; larg., 34 cent.

RIVIÈRE (H.)

137 — *Enterrement à la campagne.*

Gravure coloriée.

Haut., 22 cent ; larg., 33 cent.

RIVOIRE

138 — *Fleurs et raisins.*

Aquarelle.

Signé à droite, en bas.

Haut., 75 cent.; larg., 55 cent.

ROBERT-FLEURY (Tony)

139 — *Ingénieur militaire sous Louis XIV.*

Dessin au crayon.
Signé à gauche, en bas.

Haut., 33 cent.; larg., 25 cent.

RŒLOFS (W.)

140 — *Pâturage au bord de l'eau.*

Dessin à la plume.
Signé à gauche, en bas.

Haut., 21 cent.; larg., 32 cent.

RŒLOFS (W.)

141 — *Oasterwyk.*

Aquarelle.
Signé à gauche, en bas, avec dédicace et daté : *3 July 1875.*

Haut., 17 cent.; larg., 25 cent.

ROSSI

142 — *La Jarretière.*

Aquarelle.
Signé à gauche, en bas.

Haut., 46 cent.; larg., 34 cent.

ROSSI

143 — *Le Soulier.*

Aquarelle.
Signé à droite, en bas.

Haut., 46 cent.; larg., 34 cent.

ROY (Marius)

144 — *En sentinelle.*

Aquarelle.
Signé à droite, en bas.

Haut., 22 cent.; larg., 16 cent.

SAINTIN (Jules-Émile)

145 — *Abandon.*

Dessin au crayon.
Signé à droite, en bas.

Haut., 19 cent.; larg., 13 cent.

SAUGY (L.)

146 — *Le Vieux pont couvert.*

Aquarelle.
Signé à droite, en bas.

Haut., 26 cent ; larg., 22 cent.

THORNLEY (William)

147 — *Albenga (Italie).*

Aquarelle.
Signé à droite, en bas.

Haut., 45 cent.; larg., 59 cent.

THORNLEY (William)

148 — *Ferme dans l'Orne.*

Aquarelle.
Signé à droite, en bas.

Haut., 25 cent.; larg., 35 cent.

THORNLEY (William)

149 — *Moulin dans l'Orne, soir.*

Aquarelle.
Signé à gauche, en bas.

Haut., 25 cent.; larg., 35 cent.

UHDE (F.)

150 — *La Famille de l'artiste.*

Dessin à la plume.
Signé à droite, en bas.

Haut., 27 cent.; larg., 21 cent.

VAYSON (Paul)

151 — *Pâturages du Vaucluse.*

Dessin à la plume.
Signé à droite, en bas.

Haut., 20 cent. ; larg., 25 cent.

VERHAS (Jean)

152 — *Sur la plage.*

Dessin au crayon noir.
Signé à gauche, en bas.

Haut., 62 cent.; larg., 45 cent.

WATTS (G.-F.)

153 — *Figures.*

Dessin au crayon.
Signé à droite, en bas.

Haut., 35 cent. ; larg., 21 cent.

WHISTLER

154 — Étude pour le *Portrait de la mère de l'artiste.*

Dessin au crayon.

Haut., 14 cent. ; larg., 10 cent.

BRONZES

BARYE (Alfred)

155 — *Tigre terrassant une antilope.*

BARYE (Alfred)

156 — *Lion marchant* (modèle n° 1).

BARYE (Alfred)

157 — *Thésée combattant le centaure Bienor.*

BARYE (Alfred)

158 — *Eléphant de Cochinchine.*

BARYE (Alfred)

159 — *Cheval demi-sang.*

BARYE (Alfred)

160 — *Napoléon à cheval.*

CAIN (Auguste)

161 — *Marabout monté en forme de cendrier.*

MÈNE (Pierre-Jules)

162 — *Renard à l'affût.*

MÈNE (Pierre-Jules)

163 — *Chien épagneul à l'arrêt.*

MÈNE (Pierre-Jules)

164 — *Levrette, la patte gauche levée.*

MÈNE (Pierre-Jules)

165 — *Levrette accroupie, la tête levée.*

MÈNE (Pierre-Jules)

166 — *Chien braque en arrêt, la tête tournée.*

MÈNE (**Pierre-Jules**)

167 — *Chien braque en arrêt, la tête levée.*

MÈNE (**Pierre-Jules**)

168 — *Petit chien de chasse.*

---

169 — Sous ce numéro seront vendus les dessins non catalogués.

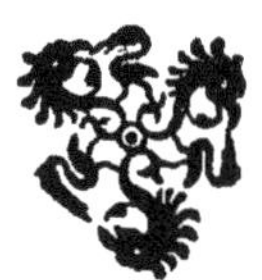

www.ingramcontent.com/pod-product-compliance
Ingram Content Group UK Ltd.
Pitfield, Milton Keynes, MK11 3LW, UK
UKHW021316190726
13839UKWH00007B/1897